科学超入门

植物

欢迎来到植物王国！

[韩] 金成花 权秀珍 著

[韩] 李敏霞 绘

陈琳 胡利强 许明月 译

化学工业出版社

·北京·

6

前言

　　这本书讲述的是草和树的故事。恐龙、鲸鱼、怪物的故事自然有趣，但无法亲眼看到（鲸鱼是能看到的，但要乘船到遥远的大海上去，这样的机会并不多），而草、树是随处可见的，你完全可以做一件非常了不起的事情，一件每个人都能做到、但谁也没做的事情。什么事情呢？那就是仔细地观察植物！

也许你会失望地问：观察植物算得上什么了不起的事？要是你这么想的话，植物们该伤心了。每天坚持观察一会儿，一天、两天、三天……你一定会对植物感到越来越好奇、越来越有兴趣。这样，你就成为一位小小植物学家了！

目录

抬起头，你能看见什么植物呢 ？？

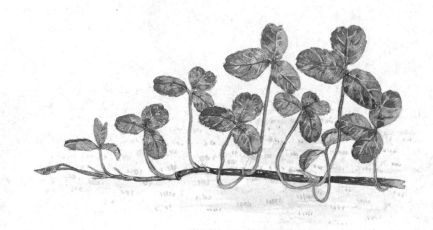

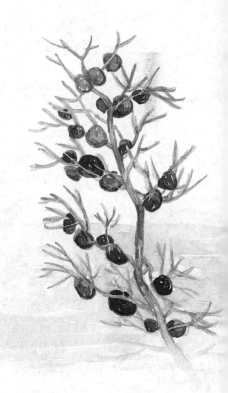

抬起头，你能看见什么植物呢？

# 植物就在我们身边！

　　你住的地方有植物吗？坦率地说，以前我从没有注意过植物就在自己身边。虽然小区里有许多植物，但我从来没有留心，既不知道它们的名字，对它们也提不起任何兴趣，对我来说，植物就跟路上的石头一样普通。

　　但现在不一样了。我觉得植物非常伟大，总想知道关于植物的更多秘密，常常想象树皮里、树叶中正在发生着什么。所以，我希望你可别像我小时候一样。千万别小看你身边的植物！你可以在上学的路上停下脚步，看看路边的树叶，想一想树和草是怎样长大的，还可以摘下树叶玩过家家游戏，找一本植物图谱翻看，记住那些树和草的名字。

　　植物也和我们一样，需要"吃饭"，一点一点地慢慢长大。寒意料峭的早春时节，树上悄悄地冒出了新芽。突然有一天，小草偷偷地从地里探出头来。不知不觉，花骨朵绽开了，树上结出了果实，种子随风去旅行……这一切都是多么美妙！我有时会想，如果有一种听诊器，能让我们听到植物喝水、呼吸的声音，那该多好。

　　忙忙碌碌的根、勤勤恳恳的叶子、默默奉献的茎……懒惰这个词跟植物完全不沾边。这些可爱的生命就生活在我们身边。

植物的世界地图

　　地球上的每个角落都有植物生长，在动物难以存活的地方也有植物。北极、南极、沙漠、海洋、炎热的热带地区……植物都能适应那里的土壤、天气和环境。地球上的植物种类比动物多得多。如果地球上所有植物的重量加起来，会是动物体重总和的 999 倍！

仔细看看

温带地区

生长着阔叶树。(栎树、榆树、桦树、枫树、橡树、洋槐等)

寒带地区

在韩国以北、加拿大、西伯利亚等地，生长着针叶树。(红松、云杉、冷杉等)

沙漠

炎热干燥的沙漠地区也有植物生长。沙漠植物有着长长的根，叶片较小，喜于储存养分和水分。(仙人掌、胡杨、沙辣等)

草原

雨水不充沛，生长着草本植物和浑身是刺的荆棘，大树难以生长。

冻原和北极地区

西伯利亚以北、阿拉斯加、库页岛的平原地带上生长着矮和低矮的植物。这里天气寒冷，风力强劲，植物紧贴地面生长。北极和树只有2.5厘米高。(柳树、桦树、地衣等)

海洋

海洋里生长着海带、褐带菜等植物，藻类并不是真正意义上的植物，但能够进行光合作用。(硅藻、蓝藻、海白菜、海带、紫菜、褐带菜等)

南极大陆

南极大陆一年四季被冰雪覆盖，但岩石上也生长着矮小的植物，科学家至今没有的生长速度极为缓慢，50～60年才能长出指甲盖大小。

热带雨林

地球上约近一半的热带雨林地区，科学家在热带雨林植物的具体种类与数量。(椰子树、豆蔻树、面包树、橡胶树等)

高山地带

高山地带寒冷、风大，降水极少，为了适应环境，高山植物一般体型矮小，相互聚集生长。(大绒草、石竹、紫杉、针茅等)

从前的植物探险家

　　研究植物的科学家叫植物学家。你一定不知道植物学家的工作是什么吧？具体内容我也不清楚，但我知道一点：他们并不是整天坐在房间里埋头研究的。为了寻找珍贵的植物，他们要到全世界去探险。

　　在 200 ~ 300 年前，植物探险家们开展了尤为积极的研究活动。有的人在自己家的院子里栽培几棵植物就感到心满意足，有的人却为了寻找从未见过的植物不辞辛劳地跑到天涯海角。他们就是植物学家。

　　热带森林、北极、沙漠、高山、草原……到处都留下了他们的足迹。他们手拿地图，脚穿长靴，还背着专门用来采集植物的工具。有人在热带雨林里被有毒的蚊子叮咬致死，有人在沙漠里因中暑身亡，有人为寻找珍稀植物爬上悬崖不幸摔死，有人落入猎人设置的陷阱。尽管如此，勇敢的植物学家们依然奔走在世界的各个角落。

收集植物，再收集植物！植物探险家们放弃了安逸舒适的生活，把妻儿抛在脑后，甘愿为了没有生命的植物倾家荡产。出于对植物的满腔热爱，他们大多度过了清贫、艰辛的一生。所以，植物学家林奈曾经说过这样一段话：

"神啊！看到那么多植物学家的悲惨命运，我不禁要问：这些为了收集植物而放弃了自己的财产、生命乃至一切的人，他们是不是疯了？"

植物探险家们采集、观察新发现的植物，并把它们制作成标本，记载在日记或信件里。无论坐船、爬山还是穿过茫茫原野，笔和笔记本从不离身。他们勤奋地记下了生长在遥远国度里的植物、第一次看到的新奇植物、自己采集和观察植物的故事等等。当他们结束探险回到家乡后，便在研究、整理资料中度过一生（假如他们不再外出探险的话）。

多亏了这些忘我工作的植物探险家，我们才逐渐了解了世界上的许多植物。原本生长在亚洲、非洲、美洲的植物开始在欧洲生长，亚洲也出现了只有欧洲、美洲才有的植物。如果这些植物学家还活着，他们就该是 200、300 多岁了。他们为植物学研究做出了巨大的贡献。

今天，世界各地依然活跃着一批在野外冒险的植物学家。为了寻找新的植物，观察植物怎样生长、开花、传播种子，各种植物之间怎样竞争、具有什么样的香味和毒性，他们穿越丛林和沙漠，攀登险峻的山峰，甚至来到严寒的北极。

如今我们有了飞机和人造卫星，野外装备也比两三百年前先进得多。不仅有了手机，地图也更为精确，再也不怕迷路，制作标本的技术大大改进，还有了性能优良的电脑和摄像机。那么，人们是不是已经知道世界上一共有多少种植物了呢？如果你去问植物学家，他们会摇摇头。连他们都不清楚全世界的植物到底有多少种！

林奈的植物分类法

卡尔·冯·林奈
(Carl von Linné)

这位叔叔就是林奈，一位伟大的植物学家、冒险家。林奈出生于 1707 年，父亲把他送到一所皮匠铺去做学徒，但他后来却成了一名植物学家。他没能为村子里的人修理皮鞋，却对植物进行了分类，还用巧妙的方法给它们命名，推动了植物学研究的发展。

18 世纪初，许多植物陆续被发现，但当时的植物学家给植物取名都非常随意。随着越来越多的植物被发现，植物的名称也变得越来越冗长、越来越复杂，有的甚至一口气都说不下来，并出现了一物多名、异物同名的混乱现象，给植物学研究带来了很大的障碍。

林奈认为最重要的是对众多的植物进行分类，建立统一体系，用科学的方法进行命名。林奈最擅长的就是整理和归纳（为此他还和妻子吵过架。妻子把两人的衣服统统塞进衣柜里，但林奈认为白天穿的衣服、晚上穿的衣服、白色衣物、一种颜色的衣物、多色衣物应该分类整理。）

林奈采用了"双名命名法"对植物进行统一命名，就像每个人都有姓和名一样。

比如，槲树的学名是"*Quercus dentata*"，前面的"*Quercus*"是属名，后面的"*dentata*"是种名。植物的名称由属名和种名两部分组成，看上去一目了然，植物王国的混乱局面被他调理得井然有序，大大促进了植物学研究的发展。

林奈也用同样的方法给动物命名。比如我们常说的熊，其实世界上并没有单纯的"熊"，而是有北极熊、棕熊、灰熊、黑熊等。"熊"是属名，"北极"是种名，合在一起才是一个完整的名称。那么，"人"的学名是什么呢？是"*Homo sapience*"。"*Homo*"是属名，意为"人"；"*sapience*"是种名，意为"聪明、智慧"。

后来，全世界的科学家都按照林奈发明的双名命名法，给植物和动物进行了命名。

神奇的植物

在我眼里，植物比外星人更神奇。你不觉得植物长得非常奇怪吗？身体的一半埋在土里，没有脑袋、没有嘴巴、没有手和脚！但地球上到处都有它们的身影。即使被人砍断了，它们也能自己愈合伤口，长出新的枝叶。身上有个大洞，它们也能照样生长。有时我会想，无论遥远的外太空行星上有没有奇怪的生命体存在，最神奇的生物就生长在我们的地球上，就在我们的身边。

植物的本领更是超乎我们想象。它们会吃阳光！牛、马、恐龙、狮子、蚂蚁，所有的动物都吃不了阳光，但植物可以。阳光为我们带来温暖与光明，植物却以阳光为食，利用阳光、水和二氧化碳，制造出养分，生长出根、茎和叶子。直到 100 多年前，科学家才开始了解植物的这种"魔法"（可惜，科学家给植物的神奇魔法起了一个索然无味的名字，叫做"光合作用"）。

有的植物就像外星人一样，相互之间有着心灵感应，非洲的金合欢树就是这样。当大象来吃金合欢树的叶子时，它们就会向旁边的同伴发出信号："小心点！"于是，其他树的叶子马上就长出一种毒素，大象一吃，就"呸"的一声吐出来，再去寻找别的树，但别的树也都做好了准备，大象只好失望地走开了。

植物没有脚，也没有翅膀，无法自由活动，但植物依然遍布全世界，从南极到北极，从平原到山顶。其他动物都被冻死的酷寒天气，植物依旧顽强地生长。西伯利亚素以狂暴的风雪出名，气温低达零下20℃到零下30℃，但这里仍然可以见到针叶树。

在这个世界上，谁最大、谁最重？你猜，体重的世界冠军会是谁呢？是动物还是植物？告诉你，有的植物比恐龙还大！美国的一棵山杨重达6000吨，枝干有47000多条。印度有一棵年迈的无花果树，树荫底下可以坐7000名成年人。

在这个世界上，谁的年龄最大？有的树可以活1000年以上！中国陕西黄帝陵桥山脚下的轩辕庙内生长着韩国最古老的树。那棵轩辕柏的年龄已经超过

5000 岁了；甘肃天水南郭寺的春秋古柏也有 2500 多
年的历史呢，被中国古树界誉为"中国古树的活化石"。
美国加利福尼亚州有一棵狐尾松，它已经是 4700 多岁的高龄了！为了计算这棵狐尾松的年龄，科学家在它的枝干上钻了个大洞，好不容易才观察到它的年轮。

植物以穿越遥远宇宙的阳光为食自然生长，相互发出心灵感应，再冷也不会冻死，年龄可以达到1000岁以上，能够长得庞大无比……你不觉得这一切都很神奇吗？更令人惊奇的是，植物和动物是有相似之处的。

我以前一直以为动物和植物截然不同，后来才知道，植物像动物一样，都是由细胞构成的。无数细胞结合在一起，组成了我们看到的橡树、小狗，还有你、我。

植物也像动物一样会呼吸。它们不是用鼻子呼吸空气，而是用叶子上的小孔（气孔）来呼吸的。那些小孔就相当于动物的鼻子。植物也像我们一样会出汗。植物通过气孔排放出水（水蒸气），天气热的时候会大量地蒸腾水分。植物也要睡觉。每当夜晚来临，含羞草的叶子就会聚拢。到了冬天，有的树木也会停止工作，进入冬眠状态。

植物和我们长得一点都不像，但它和我们一样生长、呼吸、吃饭、出汗、睡觉，也和我们一样繁衍后代。现在，就让我们一起来解开植物的一个个惊人秘密吧！

忙忙碌碌
的植物

植物会吃阳光——
光合作用

每天，阳光穿越茫茫宇宙，照耀我们的地球。太阳给地球送来了温暖，掀起强烈的风，把海水变成天上的白云。

但是，如果没有植物，阳光的魔法恐怕也就只能到此为止了。

植物有着动物望尘莫及的本领。动物必须以植物或其他动物为食才能存活，但植物却爱吃阳光，以阳光、水和二氧化碳为原料制造养分。只要有了阳光、水和二氧化碳，有的植物就能生存千年之久，有的植物会长得比恐龙还要大。世界上所有的植物，无论它是在平原还是森林、在河流还是路边，都是依靠阳光生活的。有了植物，昆虫、鸟类、兽类以及人类就有了食物的来源。

那么，植物到底是怎样食用阳光的呢？植物又是怎样施展魔法的呢？

植物的绿色叶子里住着许多小小的"魔法妖精"。这些魔法妖精非常喜欢阳光。科学家把它们取名为"叶绿素"。叶绿素是非常非常小的绿色粒子。因为叶绿素是绿色的，所以树叶和草叶都呈现出绿色。叶绿素住在名叫"叶绿体"的房子里。植物的叶子是由许多细胞组成的，细胞里有叶绿体，叶绿体里又含有叶绿素。

当太阳照射到叶子上，叶绿素就会从睡梦中醒来，

植物的叶子是由许多细胞组成的，细胞里有叶绿体，叶绿体里含有叶绿素。

快乐地吃起阳光来。然后，叶绿素在叶绿体这个房子里把二氧化碳、水、光能混合在一起，制造葡萄糖。（根会吸收土壤里的水分，叶子的气孔则吸收空气中的二氧化碳。）对植物来说，葡萄糖就相当于米饭、肉类和蔬菜。这样，植物就能长出茎、叶、花朵和果实。植物在可见光的照射下将二氧化碳和水转化为葡萄糖等有机物的过程，就叫做"光合作用"。

阳光转化为葡萄糖，葡萄糖长成根、茎和叶

利用光合作用制造出葡萄糖后，植物再把葡萄糖加工成淀粉、纤维素、果糖、蔗糖、脂肪、蛋白质等各种营养成分。我们来找找这些养分都藏在哪儿吧！

淀粉存在于叶子、种子、茎和根里。我们很难看到叶子里的淀粉，但茎和根里的淀粉是常见的。我们食用的大米、大麦、土豆、红薯都是淀粉。把它们晒干后研磨，就能得到白色的粉末。淀粉没有颜色，不会发霉，天气再冷再热都不会腐烂。有些以淀粉为主要成分的种子甚至几百年都不腐烂，几百年后还能发芽。纤维素均匀分布在植物的各个部位。纤维素包裹着植物的细胞，使茎秆长得健康，不易倒伏。果糖存在于植物的果实中。蔗糖在甜菜、甘蔗和水果中含量很高。我们吃的糖就是用甘蔗制造出来的。芝麻和松子含有丰富的脂肪，豆类富含蛋白质。

养分在叶子上制造出来以后，就被输送到根、茎，维持植物生长。根和茎吸收养分后长得越来越结实，新的叶子也冒了出来。花朵吸收了养分，就呈现出美丽的颜色和醉人的香气。养分来到果实里，就形成了可口的果肉和果汁。罂粟吸收了养分甚至还能制造出致命的麻醉剂，胡椒树会长出辛辣的胡椒，橡胶树则生成制造橡

胶的原料——胶乳。

想想看，嫩绿的叶子、粗糙的树皮、坚硬的树干、粗壮的根、饱满的种子、五颜六色的花朵、美味可口的果实、甜蜜的花粉、醉人的香味……这一切都是植物以阳光、二氧化碳和水分为原料制造出来的！

明白了光合作用的原理以后，我还是常常会感到不可思议。触摸不到的阳光、透明的水滴、身边最熟悉的空气，居然就能造就大自然里美丽的植物。

洋葱把养分储存在鳞茎里，土豆把养分储存在块茎里，萝卜把养分储存在根里。

无法独立
生长的植物

有的植物不能进行光合作用，无法自己制造养分，它们叫做"寄生植物"。
寄生植物既没有叶绿素也没有绿叶，从其他植物那里取得所需的养分。

草苁蓉

列当生活在海边的沙地上，把根吸附在茵陈蒿的根部汲取养分。

菟丝子

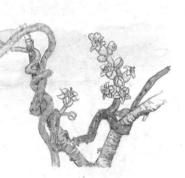

菟丝子没有叶子，以茎蔓缠绕其他植物，并生出吸盘伸入主茎内吸取养分。

槲寄生

槲寄生通常寄生在槲树的树枝上，能够进行光合作用，但只能产生极少量的养分。

大花草

大花草寄生在热带地区的藤本植物上。大花草的花朵直径可达 1 米，是世界上最大的花，散发出腐烂尸体的臭味。

水晶兰

水晶兰寄生在腐烂的树木上，叶子和茎秆都是白色的，别名"尸体花"。

植物能够利用光合作用制造养分，但植物的生长也离不开氮素等其他成分。当土壤里缺乏养分时，有的植物甚至会靠捕获昆虫来补充养料。这样的植物叫做"食虫植物"。食虫植物会进行光合作用，即便长时间捕捉不到食物也不会死亡，只是生长速度减缓而已。

狸藻

狸藻生活在池塘、水沟里，长有可活动的囊状捕虫结构。平时捕虫囊是关闭的，昆虫飞过时会突然打开，将它吸入囊中，并消化吸收。

茅膏菜

茅膏菜的叶子像个勺子，上面长满了能分泌黏液的腺毛。当昆虫落到叶子上时，叶片就会卷起来，同时分泌黏稠的消化液，将植物溶化。

捕蝇草

捕蝇草生长在美国的湿地地带。当苍蝇落到捕蝇草的叶子上，叶子马上就会像贝壳一样关闭。苍蝇越是挣扎，叶片缠得越紧，不一会儿苍蝇就开始溶化。

植物的粪便

植物会吃阳光，对其他生物而言是多么幸运的事！植物吃了阳光长大，昆虫、鸟类、兽类和人类就能以植物为食，维持生命所需。植物不仅是我们的食物，还为我们提供了呼吸所必需的氧气。你有没有想过我们赖以生存的氧气是从哪里来的呢？氧气是从宇宙里来的吗？本来空气里就有的吗？

在遥远的从前，许多植物每天制造大量的氧气，释放到空气之中。植物的绿叶利用二氧化碳、水分和阳光制造养分的同时会释放出氧气，所以我把氧气称为植物的粪便。这么说，对植物是不是有点失礼呢？

植物的有氧光合作用造成地球大气层中氧气含量的增加，使大气中氧气、二氧化碳的含量相对稳定，为生命体在地球上的存活、繁衍提供了必要的条件。

科学家怎么知道植物会制造氧气呢？

1772 年，英国有一位牧师名叫普利斯特里。他非常喜欢做科学实验。那时，科学家们刚刚开始研究空气，并发现空气并不是由一种物质构成的，而是包含着多种气体。这些看不见的气体，如氮气、二氧化碳、氧气，逐步被人们发现。第一个发现氧气的人就是普利斯特里。

有一天，他把一支燃烧的蜡烛放进玻璃箱里，并盖上盖子。不一会儿，蜡烛就熄灭了。他又把一只老鼠放进密封的玻璃箱内，过了一段时间，原本活蹦乱跳的老鼠也死了。

蜡烛熄灭了　　　　　老鼠死了

普利斯特里又做了一个实验。这回，他在玻璃箱里放了一个小花盆，里面种着一株绿色植物。他发现，和花盆一起待在密闭玻璃箱里的蜡烛不会熄灭，老鼠也不会死亡。

蜡烛依旧燃烧　　　　老鼠还活着

普利斯特里认为，蜡烛燃烧、老鼠呼吸会污染玻璃箱内的空气，而植物能够生产出空气中的新鲜成分，净化被污染的空气。他把这种新鲜成分命名为氧气。如果普利斯特里能够对植物继续进行深入研究，那该有多好！可惜，他没有发现植物必须在阳光的作用下才能释放出氧气。

后来，荷兰一位名叫英格豪斯的医生阅读了普利斯特里写的书，对他的实验感到非常好奇，马上丢掉注射器，开始研究植物。1779年，英格豪斯做了一个和普利斯特里不同的实验。他把新鲜水草放在装满水的容器里，给水草提供充足的光照。一段时间以后，容器里就产生了许多小气泡。但如果把这个容器移到黑暗的地方，就不会有氧气气泡产生。英格豪斯推断，植物只有在受到光照的情况下才会释放出氧气。

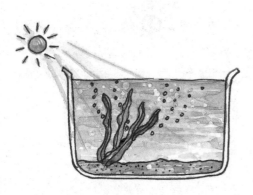

$$二氧化碳 + 水 \xrightarrow{\text{阳光}} 葡萄糖 + 氧气$$

植物吸收二氧化碳、水和阳光，产生葡萄糖和氧气。

这就是光合作用。

植物也会呼吸！

植物也要呼吸氧气。

氧气在植物体内燃烧养分，制造植物所需的能量。

光合作用时，植物释放出氧气。但植物呼吸时，和其他动物一样吸入氧气，呼出二氧化碳。

人和大部分动物是靠鼻子来呼吸的，植物用叶子和树皮上的气孔来呼吸。

如果……

地球上没有会吃阳光的植物，那会怎么样呢？

想象一下，如果植物不以阳光为食，而是吃其他生物，会发生什么情况呢？

地球的绿色工厂——叶子

  植物进行光合作用制造养分、释放氧气，这个神秘的过程就发生在小小的绿叶上。即使世界上的工厂全部关门，我们也能继续生活，但草、树上的绿色工厂如果停工，鸟类、昆虫、兽类和人类就无法在地球上生存了。

  幸好，这些绿色工厂每时每刻都在地球的各个角落不停地运转。当夜晚降临、阳光消失，地球另一面的绿色工厂就会开工。你住的地方也有许多这样的绿色工厂。快走出家门，观察一下植物的枝干上都长着什么样的绿色工厂吧！

叶柄
叶片与茎的连接部分。

叶芽
长在叶柄上的小叶子。

树叶为了吸收阳光，巧妙地排列队形。

  植物是优秀的建筑师。它们经过精密的思考和计

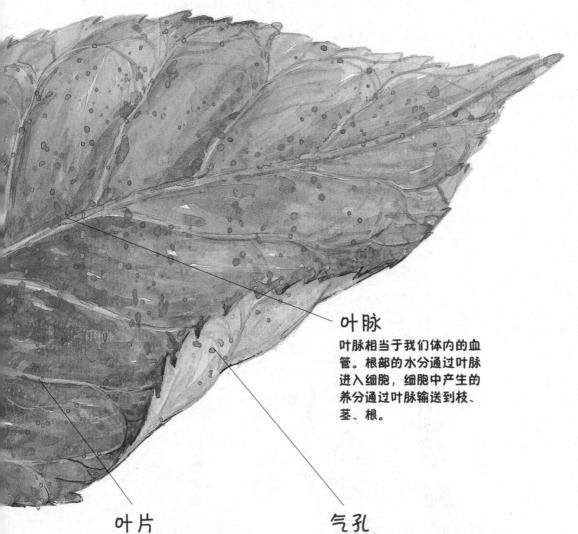

叶脉

叶脉相当于我们体内的血管。根部的水分通过叶脉进入细胞，细胞中产生的养分通过叶脉输送到枝、茎、根。

叶片

叶片是叶子最重要的组成部分，能呼吸、进行光合作用制造养分。叶片的正面一般较为光滑，颜色较深；背面较为粗糙，颜色较浅。

气孔

气孔是植物与外界交换气体的小孔。叶片的背面通常有许多气孔。一片南瓜叶上有6000万个气孔。植物用气孔来呼吸氧气和二氧化碳。

算，让每一片叶子都能接受阳光的照射。如果上方的叶子遮住了下方的叶子，下方的叶子就难以进行光合作用，但神奇的是，不管树上的枝叶多么繁茂，叶片都能较均匀地照到阳光。

这是一棵樱花树。观察一下，树枝上的叶子是怎样生长的？它们的生长并不是毫无规则的。我们来看看叶子生长的顺序和位置到底有什么规律。

仔细观察樱花树叶，你会发现叶子沿着树枝往上长，形成了一道螺旋形的"阶梯"。第二片叶子稍稍偏离第一片叶子生长的方向，第三片叶子又偏离第二片叶子……一直到第六片叶子，才会和第一片叶子对齐。那么，第一片叶子会不会遮挡住第六片叶子的阳光呢？不会。第六片叶子和第一片叶子距离较远，所以依然能够接受充沛的阳光。

再来看看其他树，每一种树叶子生长的方向和形状都不一样。有的树枝干低矮，但叶子茂盛，于是同一

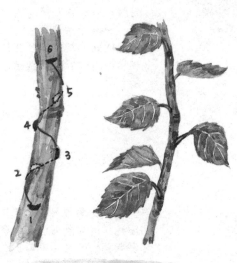

观察樱花树叶

个地方就会长出两片、三片甚至更多的叶子。即使这样，叶子也不会相互重叠。

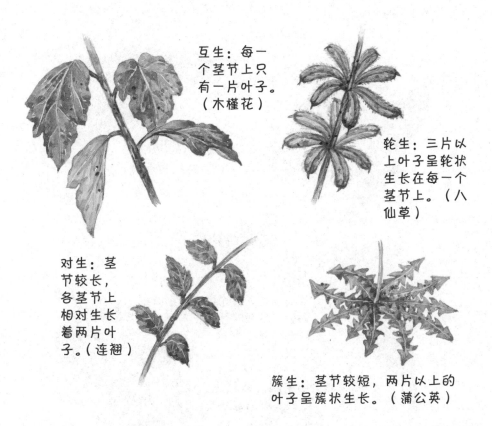

互生：每一个茎节上只有一片叶子。（木槿花）

轮生：三片以上叶子呈轮状生长在每一个茎节上。（八仙草）

对生：茎节较长，各茎节上相对生长着两片叶子。（连翘）

簇生：茎节较短，两片以上的叶子呈簇状生长。（蒲公英）

观察植物的时候可不能漫不经心，一定要仔细。不仅要用眼睛去看，还要用心去看，这样才能有所发现。你住的小区里都有些什么树呢？茎或枝的节间部分是长还是短？在同一个地方长出了几片叶子？是对着长的还是错开长的？每一种树的叶子都有独特的生长规律。

各种各样的树叶

叶脉

平行脉
所有叶脉彼此平行伸展。（竹子、水稻、狗尾巴草）

网状脉
叶脉互相联结形成网状。（橡树）

单叶和复叶

单叶
叶柄上只生长一个叶片。（柳树）

复叶
叶柄上长着多个叶片。小叶排列在叶柄延长所成的叶轴的两侧，呈羽状的，称为羽状复叶（刺槐）；几片小叶集生在共同的叶柄末端，排列成掌状的，称为掌状复叶（七叶树）。

针叶与阔叶

针叶

叶片像针一样尖尖的。（松树）针叶叶绿素较少，不能制造过多养分，但冬天也不落叶。

阔叶

叶片较宽。（悬铃木）阔叶秋天会变黄、变红，冬天叶子凋落。

叶缘形状各不相同

叶缘像锯齿。
（榉树）

叶缘像波浪。
（柞树）

叶缘平滑或接
近光滑。（牛
奶子）

叶缘呈重锯齿
状，叶片形似
手掌。（枫树）

我也是叶子！

叶变成了卷
须。（豌豆）

叶变成了刺。
（仙人掌）

叶变成了外
皮。（洋葱）

叶片黏黏的，
能捕捉昆虫。
（茅膏菜）

叶柄又大又
圆，里面充满
空气，便于漂
浮在水面上。
（水葫芦）

忙忙碌碌的根

现在你明白植物叶子的功能了吧？叶子忙着进行光合作用时，土壤里的根也没闲着。如果不是根从土里吸收水分，就是有再多的太阳光，植物也无法进行光合作用。

植物的根通常向下生长，深入土壤。即使有坚硬的石头挡住了去路，它也能穿过缝隙。地上有空气和水分，有光明美丽的世界，但根却一心只往地下钻。它不喜欢阳光。你试试把花盆倒过来，挂在空中，就会发现植物的根还是会向下寻找土壤。根没有眼睛、鼻子，它怎么知道自己生长的方向呢？是地球在吸引着根吗？

根怎样喝水?

我们都知道根会喝水。但根到底是怎么喝水的呢？我们要是口渴了，就喝杯水一咽，水就进了肚子，那根又是怎么做的呢？

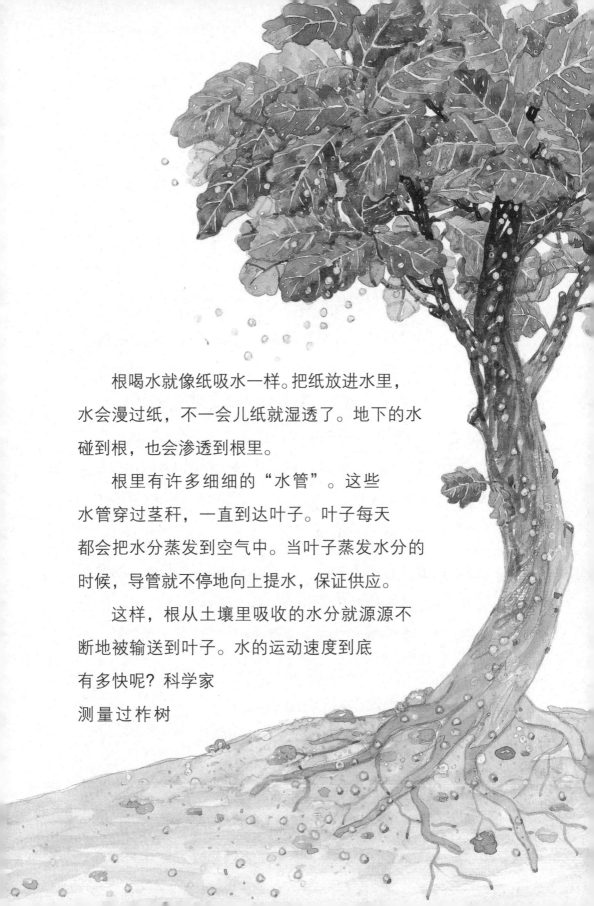

　　根喝水就像纸吸水一样。把纸放进水里，水会漫过纸，不一会儿纸就湿透了。地下的水碰到根，也会渗透到根里。

　　根里有许多细细的"水管"。这些水管穿过茎秆，一直到达叶子。叶子每天都会把水分蒸发到空气中。当叶子蒸发水分的时候，导管就不停地向上提水，保证供应。

　　这样，根从土壤里吸收的水分就源源不断地被输送到叶子。水的运动速度到底有多快呢？科学家测量过柞树根部水分上升的数据，一小时可以达到 40 米！

叶子不停地蒸发水分，根也就不停地从土壤里吸收水分。土里的水进入植物根部，并沿着导管向上输送，就像一个大水泵在工作一样。

根与根毛

用放大镜来观察植物的根，你会发现根部长着许多根毛。粗壮而坚硬的根负责固定植物，根毛则承担着吸收水分的作用。

如果没有了根毛，再新鲜的植物也会很快枯萎。越矮小的植物，根毛就越密，便于充分地吸收水分。这样就无需长出笨重的根，夺取茎、叶和果实的养分了。

几个月前，出于好奇心，我曾经拔出一根蒲公英，想数数根上有多少根毛，但发现根本就数不清。我做不到的事，有一位科学家曾经以极大的耐心完成了。他计算出了黑麦的须根和根毛的数量。须根有 1380 条，根毛有 140 亿根！如果把黑麦的根毛一一拔出，平铺开来，可以覆盖整整两个网球场。

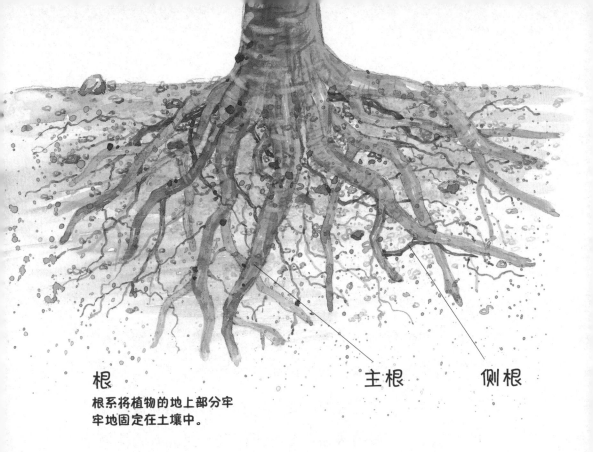

根

根系将植物的地上部分牢牢地固定在土壤中。

主根

侧根

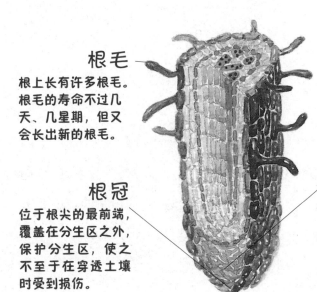

根毛

根上长有许多根毛。根毛的寿命不过几天、几星期，但又会长出新的根毛。

分生区

也叫生长点，是细胞分裂最旺盛的部位。

根冠

位于根尖的最前端，覆盖在分生区之外，保护分生区，使之不至于在穿透土壤时受到损伤。

根是个大力士

很久很久以前，植物刚刚在地球上出现的时候，是既没有根也没有叶的，只有短短的茎。它们生长在水边的泥沼里，用茎吸收水分。为了获得更多的阳光，植物和植物之间展开了竞争。在竞争过程中，植物的个子长高了，土里也长出了根。有了根，地上的植株就会被固定。

我们看到地上的茎、叶，其实只看到植物的一半！地上的植物有多高，地下的根往往就有多长。树越高、越大，根就会盘得越深、越远。在风力强劲的极地地区和高山上，植物的根甚至比地上部分还大。有的植物只露出地面一点点，地下的根却异常庞大，牢牢地支撑着植物。

直根、须根

植物的根有两种形态。双子叶植物（种子发芽时长出两片子叶的植物）的根系属于直根系，单子叶植物（种子发芽时长出一片子叶的植物）的根系属于须根系。我很喜欢直根、须根这样的名称，一看就能明白是什么意思。

直根的中间是一根发达、粗壮的主根，旁边生长着细小的侧根。须根由许多粗细相等的不定根组成，没有主根。

直根　　须根

大多数植株高大的树都是双子叶植物，主根深入土壤，植物能够多年存活。而一年生的草本植物基本上都是单子叶植物，它们的寿命只有一年，不需要结实的根，胡子一样细细的须根能够快速吸收土里的水分。

人们曾经以为根会吃尸体

从前的人们以为植物不但会喝水，还会吃土里的小石头、动植物的尸体等，因为他们不相信植物只靠水分就能长得那么高大。

有个科学家叫海尔蒙特，他很想知道除了水以外植物还有没有其他的食物。1630 年，他做了一个实验。他在一个大花盆里种了一棵柳树，5 年内只给它浇水。在种植柳树以前，他预先测量了柳树和盆土的重量，5

年后再次测量，发现柳树长大后重了很多，但盆土的重量几乎和 5 年前一样。于是他得出了结论：植物只喝水、不吃土。

但他只说对了一半。后来，科学家经过反复研究后发现，植物并不是只吸收水分，还要吸收溶解在水里的肥料。植物的根无法吸收石头、泥土、动植物的尸体等，但尸体腐烂变成肥料，肥料分解并溶解于水，就能被植物吸收。这样，植物才能得到充足的养分，茁壮成长、开花结果。

海尔蒙特的实验

柳树：2.2 公斤，泥土：90.72 公斤
5 年后 → 柳树：76.74 公斤，泥土：90.66 公斤

土壤里居住着许多勤快的"工人"，把动植物的尸体变成肥料，又把肥料进行分解，使它能够溶解于水。1克泥土里就生活着2000万个真菌和细菌。真菌和细菌附着在动植物的尸体上，把尸体分解为硝酸、钙、镓、硫、镁等物质。这些物质都非常小，能够溶解于水，所以植物的根在吸收水分的同时也吸收了这些营养物质。

　　我们不知道根为什么不吃大块的东西，只吸收水和溶解在水里的养分。但是，如果植物和我们一样要吃肉和面包，它的结构必然要复杂得多。它得有动物一样的牙齿和嘴巴、消化用的肠胃、能够发出和传达指令的大脑与神经等等。可是，如果植物真的长了这些器官，那可就麻烦了。植物不像动物那样会跑，它的脑袋和嘴巴恐怕很快就会被动物吃掉。树枝和叶子会不断地长出新的，大脑、嘴巴、肠胃一旦被吃，就再也长不回来了。我想，即使让植物再选择一次进化过程，它们也一定不会愚蠢地长出大脑、嘴巴、肠胃等器官来的。

植物也会出汗——蒸腾作用

　　根吸收了水分后，水在植物体内干什么呢？水分爬到茎、叶里，为植物清洁身体，让细胞充满活力，并帮助叶子进行光合作用。然后，水分通过叶子背面的气孔排放到空气中。这就叫做"蒸腾作用"。有时清晨走出家门，我们会看到树叶上挂着亮晶晶的水珠，那就是植物散发出的水蒸气凝结而成的。

　　太阳升起来了，越来越多的水分从叶子中散发出来，飞到空气中。在干燥闷热的夏天，水分的蒸发更加明显。对于植物来说，阳光是很宝贵的，但阳光有时也会成为负担。像其他动物一样，如果体内温度过高，植物也会死亡。于是，植物就会大量出汗，以免身体被太阳照射得过热。在夏天，一棵树每小时排出的水分可以装满 30 个矿泉水瓶。为了补充水分，根则不停地从土壤中吸收水分。

　　可是，如果土地干涸，根吸收不到水分了，那会怎么样呢？叶子总是在不停地散发着水分，既然根部不能供应水，就得另外想办法！植物从叶子里、茎里、身体的各个角落里收集水分。但是，如果太阳持续照射，又长时间不下雨，所有的水分都用尽了，植物还是会枯死的。你养花的时候如果忘了浇水，花就会枯萎。

植物把大量的水蒸气排放到空气中。地球上有那么多的树和草，每天无时无刻不在进行蒸腾作用。受热蒸发的水分在空中聚集起来，变成了云，然后又变成雨降落到地面上，雨水渗入土壤，又被植物的根吸收。

什么时候植物的蒸腾作用会更强？

想一想，什么样的情况下，植物的蒸腾作用会更强呢？光照越强、气温越高、空气中的水分越少，水就越容易蒸发。刮风的时候，由于从树叶散发出来的水蒸气很快消失在空气中，所以此时蒸腾作用也会更强。

茎里有什么?

　　根吸收水分、叶子制造养分后，水分和养分都会被输送到茎。在茎里，水的通道和养分的通道是不同的。输送水分的通道叫"导管"，输送养分的通道叫"筛管"。把植物的茎横着切开后放在显微镜底下观察，能够很清楚地看到导管和筛管。

　　从根部吸收的水分沿着导管运输到枝头和叶子里。叶子制造的养分则沿着筛管向下输送。

　　玉米和菊花的茎长得很不一样。在玉米的茎里，导管和筛管排列散乱；在菊花的茎里，导管和筛管显得井然有序。

　　玉米是单子叶植物，菊花是双子叶植物。为什么单子叶植物的导管和筛管杂乱无章，双子叶植物的导管和筛管排列整齐呢？单子叶植物大部分是一年生的草本植物。在寒冷的冬天到来之前，它们要快快长大、开花播种，由于生长速度过快，导管和筛管既不整齐也不结实。相反，双子叶植物的导管和筛管长得非常结实，这样植物可以多年存活。

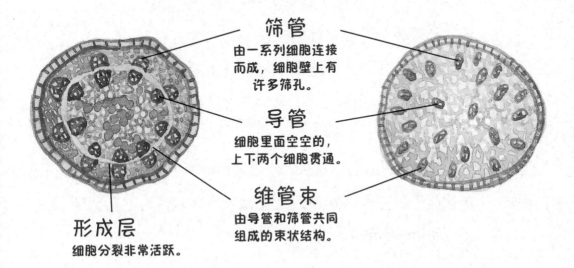

在显微镜下观察茎的横切面

筛管
由一系列细胞连接
而成，细胞壁上有
许多筛孔。

导管
细胞里面空空的，
上下两个细胞贯通。

维管束
由导管和筛管共同
组成的束状结构。

形成层
细胞分裂非常活跃。

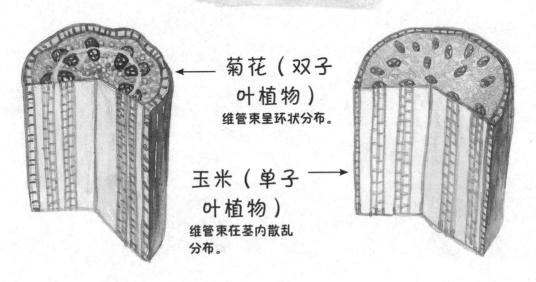

在显微镜下观察茎的竖切面

菊花（双子
叶植物）
维管束呈环状分布。

玉米（单子
叶植物）
维管束在茎内散乱
分布。

水是沿着导管上升的吗？

科学家怎么知道植物的茎内有单独的通道供水经过呢？不知道是哪个科学家用什么方法发现这个事实的，但我们用眼睛也能看到植物体内水的通道。

从百合（单子叶植物）和桃子（双子叶植物）的茎的中部竖着剖为两半，一半放入红色的水里，另一半放入蓝色的水里。

3个小时以后，花的颜色会神奇地发生改变。把上端未被切开的茎的横切面放在显微镜底下观察，你会发现百合和桃子的维管束都只有一半被染上了红色或蓝色。

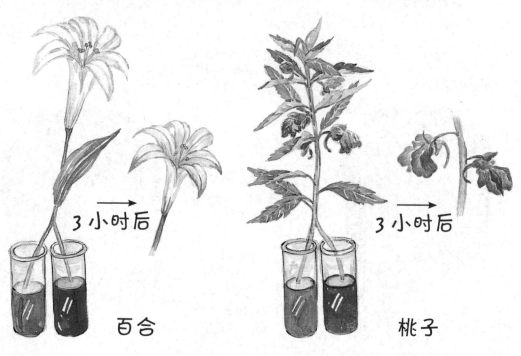

3小时后

百合

3小时后

桃子

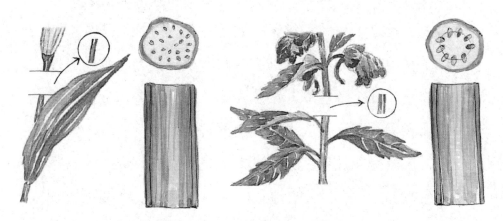

比较百合和桃子的茎

百合和桃子的维管束都只有一半被染上了红色或蓝色。

被染上红色或蓝色的部分就是导管。正如我们同时用两根吸管喝饮料一样，饮料在进入嘴巴以前是不会混合的。导管里的水也没有相互混合。

维管束内没有被染成红色或蓝色的部分则是负责输送养分的筛管。

形成层和年轮

双子叶植物的导管和筛管之间有形成层。形成层细胞的分裂十分活跃，一个细胞分裂成两个，两个变成四个，四个变成八个……细胞的数量不断增加，植物的茎也就越来越粗。

春季，形成层细胞的分裂非常旺盛。细胞长得很快，分裂得很多，细胞壁变薄，细胞也变得又大又软，颜色变浅。但过了夏天和秋天，到了冬天，形成层里的细胞也做好了过冬的准备。细胞生长速度减慢，分裂的速度也放缓，细胞壁增厚，细胞变小，颜色也变深，直到第二天春天，细胞再次进入快速分裂阶段。

这就是我们能在大树主干的横断面看到一圈圈同心轮纹——年轮的原因。如果一年内树木的生长速度都是相同的，就不会产生年轮。所以，在终年

树桩上的年轮

春天和夏天
细胞生长速度快，颜色较浅。

冬天
冬天到来时，细胞几乎停止生长，颜色变深。冬去春来，细胞再次开始生长时，就留下了颜色较深的带状痕迹。

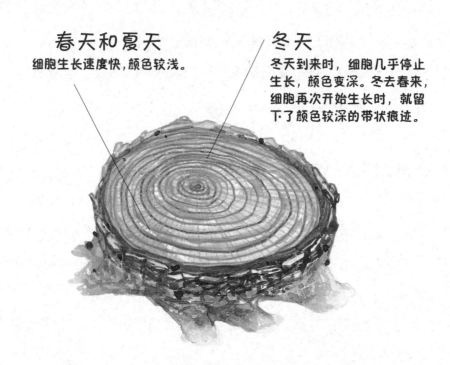

炎热、春夏秋冬几乎没有区别的热带地区，树木是没有年轮的。

从树木的年轮可以推算出它的年龄。从年轮之间的间隔，也能判断出不同年份的气候。如果年轮间隔较宽，说明当年阳光、雨水充沛，土壤中营养丰富，细胞生长很快。反之，如果年轮间隔较窄，就说明那一年的气候环境不适合树木生长。

茎的本领大

虽然植物没有眼睛，也知道哪里是上、哪里是下！把花盆倒挂起来，植物的根也会向下伸展，茎则向上生长，好像根知道土壤总是在下面、茎知道阳光永远在地面上照射一样。难道植物体内有能够记忆方向的基因吗？到目前为止，还没有人能够回答这个问题。

植物的茎总是朝着太阳照射的方向，不断地向上延伸。在大树之间长出来的小树和小草也会发挥自己的智慧来争夺阳光，有的缠绕在大树上生长，有的为了寻找远处的阳光紧贴着地面延展开去。

各种各样的茎

攀援茎

爬山虎的茎上有吸盘，能牢牢地吸附在墙壁或树上向上生长。

缠绕茎

茎不能直立，必须缠绕在其他物体上才能向上生长。喇叭花、葛藤只向左侧缠绕（从上往下看呈逆时针方向），忍冬、萝藦只向右侧缠绕（从上往下看呈顺时针方向）。沙参会向两个方向缠绕。

卷须茎

葡萄树的茎遇到支架后就会缠绕成弹簧状，牵引着葡萄树向上攀援生长。

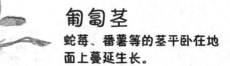

匍匐茎

蛇莓、番薯等的茎平卧在地面上蔓延生长。

水中的茎

荷花的茎埋在水下。茎上长有小孔，空气能够流通，所以茎和根不会腐烂。

刺

玫瑰茎枝的表皮变成了刺。

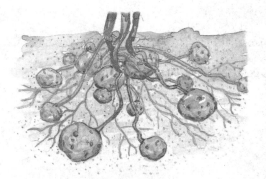

地里的茎

马铃薯的茎生长在地下，呈块状。

什么样的茎更结实？

芦苇的茎是空心的。导管和筛管都长在茎的外侧，里侧像甜甜圈一样是空的。芦苇的茎很细，看上去十分柔弱，但却能战胜狂风。当大风吹来时，由于芦苇的茎是空心的，反而不容易折断。

水稻、小麦、竹子的茎也是空心的。

双子叶植物和单子叶植物的比较

双子叶植物

既有草本植物，也有木本植物。

花瓣的数量是4或5的倍数。

叶脉呈网状。

属于直根。

维管束呈环状。　　有两片子叶。

单子叶植物

大多是草本植物。

花瓣的数量是3的倍数或没有花瓣。

叶脉是平行脉。

属于须根。

维管束散乱。　　有一片子叶。

别死记硬背双子叶植物和单子叶植物的区别！
再聪明的人也不能靠死记硬背。仔细观察双子叶植物和单
子叶植物的特点，再想想其中的奥秘。找到了这个奥秘，
自然就记住了它们之间的区别。

奥秘就在这里！
双子叶植物像个模范生，单子叶植物是个急性子。
双子叶植物性格踏实、规规矩矩，子叶、茎、根、叶都长
得很结实。想想看，子叶它就准备了两片，茎里的排列也
很有秩序，根牢牢地扎在土里，叶脉密密麻麻地长成网状，
这样叶子才不容易破裂。

比起双子叶植物，单子叶植物可就潦草多了。它心急得只
来得及长出一片子叶，子叶、茎、根和叶都长得很快，茎
里的维管束排列得随随便便，根也贪图省事长成胡须状，
叶子是简单的平行脉，稀疏而容易折断。在单子叶植物看来，
快快长大、撒播种子比什么都重要。

花和种子

如果现在是春天、夏天或冬天，你想做点有意思的事，那就马上背上书包走出家门吧！书包里装上放大镜、剪刀、干净的塑料袋，还有能夹花瓣的旧书。到了户外，仔细观察花里都有什么，摘下美丽的花朵做成标本（植物标本的制作方法参见第 74 页），夹在书页间当书签……但是，如果现在是寒冷的冬天，你还是别胡思乱想了，乖乖地和我一起看书吧！

前面我们学习了植物的身体，叶、根、茎的作用各是什么，都有哪些形态等等。现在我们要开始讲讲植物的花了。花是什么样的呢？花由花冠、花萼、雄蕊、雌蕊组成。花冠保护着雄蕊和雌蕊，用美丽的颜色和香味吸引昆虫。花冠底下有花萼，保护着花冠。

完全花和不完全花

花萼、花冠、雄蕊、雌蕊四部分俱全的，叫完全花，缺少其中一部分或一部分以上的，叫不完全花。百合没有萼片，松树只有雄蕊和雌蕊。

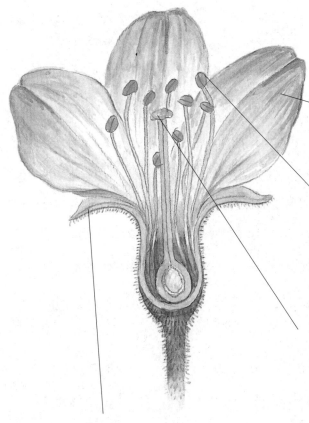

花冠

花冠包围着雄蕊和雌蕊。为了诱惑昆虫，植物都会绽放美丽的花瓣。

雄蕊（花丝、花药）

雄蕊包围着雌蕊，花丝的作用是支持花药，花药是产生花粉的部位。

雌蕊（柱头、花柱、子房、胚珠）

雌蕊位于花的中央，底部的膨大部分是子房，子房里有胚珠。

花萼

花萼通常为绿色，包裹着尚未开放的花，阻挡强烈的阳光和风。

合瓣花和离瓣花

花朵的各个花瓣互相连合生成一体的花称为合瓣花，如百合、连翘等。花瓣相互分离的叫离瓣花，如玫瑰、樱花等。

植物的媒人

树、草等植物也会结婚、繁衍子孙。如果植物不结婚，世界上哪来那么多植物呢？植物的婚姻真的非常非常神奇！植物不像动物一样有雄性和雌性之分，那它们是怎样结婚的呢？

为了繁衍后代，大部分植物都会开花。花朵里有雄蕊和雌蕊，雄蕊和雌蕊相遇，就是结婚。有的植物还会开放出只有雄蕊和只有雌蕊的花朵。但是，花朵的结婚并不是同一棵树上的雄蕊和雌蕊相遇。雄蕊喜欢的是其他树上的雌蕊，雌蕊喜欢的也是别的树上的雄蕊。

一株植物的花既有雌蕊也有雄蕊，叫做"雌雄同株"。大部分植物都是雌雄同株的。银杏树的雌蕊与雄蕊分别生长在不同的株体上，这叫做"雌雄异株"。无论雌雄同株还是雌雄异株，植物要想结婚，相互分离的雄蕊和雌蕊就得碰头才行。花没有腿也没有脚，雄蕊和雌蕊该

怎么见面呢？

　　风、水、鸟类和昆虫在
不知不觉中充当了它们的媒人，
把雄蕊的花粉传播给了雌蕊。

　　松树雌蕊的花粉会随风飘散。每到春天，花粉就四
处去旅行。但这种方法造成了极大的浪费。有的花粉准
确地落到了其他松树的雌蕊上，但大部分花粉却落在了
土地上、岩石上、溪水里、橡树上、南瓜树上。几十万
颗花粉中，只有几粒花粉才能幸运地找到自己的归宿。
银杏树、栗子树、柞树、桦树、杨树、栎树等都是像松
树一样靠风来传播花粉的。

　　在遥远的从前，植物都是用这种方法来传粉的，
大部分花粉都没有成功抵达雌蕊。有没有更好的方法
呢？植物当然不会思考，但是有一天，植物王国里出
现了一个天才！那是玉兰花的祖先。玉兰花的祖先是
地球上最先开花的植物。在此之前，植物都不会开花。
玉兰花的祖先开出了美丽的花朵，并告诉甲虫说：快
来吧，我这里有美味的花粉！于是甲虫很快就飞来了，
贪婪地吃着花粉，却没有注意到自己全身也都沾满了
花粉。吃完了这棵玉兰上的花粉，甲虫又飞向另一棵
玉兰。这样，它就起到了传播花粉的作用。玉兰让甲

虫尝到小小的甜头，达到了把自己的花粉传播给其他伙伴的目的！

此后，其他植物也像玉兰那样开出美丽的花朵诱惑昆虫，还制造出香味和花蜜。由于各种昆虫喜爱的颜色都不一样，所以自然界里花朵的颜色也就越来越五彩缤纷。有的花是紫色、绿色的，能够吸引苍蝇，有的树开出诱惑蜜蜂的黄色、蓝色、白色花朵。但在这个过程中，也出现了一些色彩丑陋、气味恶臭的花。有些热带地区的花呈灰色，还散发出尸体腐烂的味道。

自然界里还有一些植物的花朵会吸引鸟类、蝙蝠和小型爬虫类、哺乳类动物。山茶花招来了绣眼鸟，森林里的香蕉树、猴面包树引来了蝙蝠。

依靠动物传播花粉的植物越来越多，但像从前一样以风为授粉媒介的植物也一直存活下来，比如松树、银杏树、栗子树、柞树、桦树、杨树、栎树和许多草本植物。生长在河边或池塘里的植物还会把花粉抛撒在水上。这些植物往往没有花冠和花萼，即使有花冠，也长得小而朴素，更没有甜美的花蜜和诱人的香味。风和水既没有眼睛也没有鼻子，美丽的花朵、醉人的香味都派不上用场。

植物会生宝宝！

开花时节是许多花举行结婚仪式的时刻。雄蕊上长有花药，里面装着花粉。当花盛开的时候，昆虫或风就会把花粉传播到另一棵树的雌蕊上。雌蕊是黏黏的，能够粘住花粉。花粉的传递过程就叫做"授粉"。

花粉落到雌蕊的柱头后，通过黏液的刺激，花粉里就会长出花粉管。雌蕊的下方有圆圆的子房，小小的胚珠正在那里等待花粉的到来。花粉管逐渐伸长，花粉顺着花粉管进入子房，与胚珠相遇。这个过程叫做"受精"。花粉和胚珠相遇后，花的婚礼就结束了。

受精后的胚珠最后发育成种子。这样，花就有了自己的宝宝！

如果花粉没有落到雌蕊上，胚珠会怎么样呢？胚珠会在子房里死去，花没能孕育种子,也会枯萎。

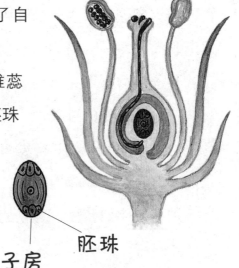

胚珠

子房

自花传粉

雌蕊好像具有思考和辨别能力。如果其他种类的花粉飞过来，她看也不看一眼。有的花特别敏感，还能分辨出是不是同一株花上飞来的花粉，同一株花上的花粉即使落到了雌蕊上，也不能长出花粉管。看来，人类近亲不能结婚，植物也不喜欢。但是，有些植物成熟的花粉传到同一朵花的雌蕊柱头上，也能正常地受精，这个过程叫做"自花传粉"。茄子、豌豆、芸豆、烟草、棉花等，都是自花传粉的植物。

果实长在开花的地方

花的婚礼结束后，种子就在子房里孕育。此时花已经完成了自己的使命，渐渐枯萎。从外表看，花正在死亡，但其实这是新生命的开始。在子房的保护下，种子逐渐长大。每一种植物种子的形状和大小各不相同。兰花的种子小得看不见，柿子的种子有指甲盖那么大。

在种子成长的过程中，子房也在膨胀。子房、花萼等花的其他部分一起参与发育，最后形成了果实。通常，我们会津津有味地吃掉果实，把种子吐出来。但有时也会吃种子，比如芸豆，芸豆的果实是它的外壳，里面的豆子才是种子。

如果果实是只由子房发育而来的，叫做"真果"，如柿子、葡萄、桃子、橘子等。也有些植物的果实，除了子房外还有花萼等其他结构参与发育，这样的果实叫"假果"，如苹果、梨、草莓、石榴等。

无论真果还是假果，果实都会忠诚地保护着种子，直到种子完全长大。

植物播种的故事

果实成熟以后，植物妈妈就会把它送得远远的。植物妈妈不喜欢种子在自己的身边发芽长大。如果种子留在植物妈妈身边，它们之间会形成竞争关系，争夺水分、养分和阳光。为了不让这样的事情发生，妈妈会把种子送到远方去。

种子离开妈妈的方式有好几种。有的乘风飞行，有的顺水漂流，有的附着在动物的皮毛上，还有的被鸟类吃到肚子里，随着排泄物一起排出来。

晚春时节，我们经常可以看到随风飘舞的蒲公英种子。蒲公英种子长着白色的绒毛，就像一个个小降落伞。顽皮的孩子用嘴一吹，蒲公英的种子就会飞到空中，漫天飞舞。

亚马逊河边长着一种体形巨大的豆子，每当成熟的时候，豆荚就会自动迸裂，种子随即落入河中。这种豆子非常大，豆荚的长度能够达到一米，可以说是巨人豆。河流通向海洋，聪明的豆子就能漂洋过海了。

鬼针草的种子形状细长，顶端有刺，所以很容易粘在动物的皮毛上。山蚂蟥的种子上长着小钩子，经常附着在林中穿行的狐狸、兔子的皮毛上。

苹果树、柿子树、葡萄树、香瓜树把种子藏在美味的果实里。动物吃下果实后会吐出种子，即使没有吐出来也没关系，种子不会被消化，还是会排出动物体外。对于这些植物来说，只有一件事情是值得担忧的，那就是种子成熟之前，如果果实被动物吃下，那可怎么办呢？于是，在种子成熟的过程中，这些植物就让果实的味道变得非常酸涩，使动物提不起兴趣。一旦种子成熟，果实就有了甜美的味道和香气，果实上的刺和毛也会掉

下来。

橡树会结出橡子。松鼠总是采集许多橡子埋在地里，作为过冬的食物。但松鼠没法记住自己埋藏橡子的全部地点，于是到了春天，没有被松鼠吃掉的种子就会发芽。

就这样，种子离开了妈妈，到很远的地方安家。不过它们不会马上发芽，而是耐心地等待春天，直到土地变暖、春雨落下，才会从地里发芽。种子的等待有时会非常漫长。北极地区的种子能在地里度过几年时间。为了守候雨的降临，沙漠地区的种子甚至会在沙子里一待就是几十年。

有的植物不会开花！

蕨菜、地衣不会开花。能开花、产生种子并用种子繁殖的植物叫做"种子植物"，不开花、利用孢子进行繁殖的植物叫做"孢子植物"。蕨菜、地衣、问荆、石松等都是孢子植物。

蕨菜

蕨菜的叶片背面有褐色的孢囊。有的蕨菜能长到 20 米高。蕨菜的嫩叶煮熟后可以当做蔬菜食用。

地衣

地衣生长在潮湿的地带，无论地面、树上、海里，地衣都能存活。地衣的茎短而细弱，叶片细小，根部呈须状。下雨后，雄株的精子就会游到雌株上，与卵子结合，生成孢子。

问荆和石松

问荆和石松如今已非常少见，但在 3 亿年前，它们种类繁多，形成茂密的树林。

蘑菇和细菌不是植物，但也用孢子进行繁殖。蘑菇和细菌属于菌类。菌类没有叶绿素，不能进行光合作用，但可以寄生在其他生物上，或依靠分解生物尸体获得养分。

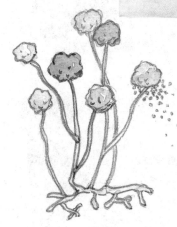

青霉菌

青霉菌生长在过期的面包或蛋糕上。

米曲霉

米曲霉是生产啤酒的原料。

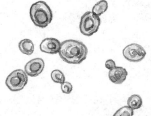

酵母

酵母是制酒、做面包或发酵面粉时使用的真菌。

蘑菇

蘑菇属于菌类。菌丝体在地下到处蔓延，获得足够的养分后就开始形成子实体并露出地面，成为我们看到的蘑菇。菌盖里面有几百万个孢子，成熟的孢子落入土中发芽，形成菌丝体。

制作植物标本

采集植物的必需物品

书本：用来把植物夹在书页间。

剪刀：不要将植物连根拔起，用剪刀剪下所需的部分。

塑料袋：如果没有书，就把采集的植物放进干净的塑料袋。

制作植物标本

1. 如果采集的植物比较干枯，可以装入塑料袋，用喷雾剂向袋子里喷水。

2. 用镊子将采集的植物放在报纸或纸上，最好不要用手。

3. 用报纸盖住植物，并用厚重的书压平。

4. 三个星期后，植物就完全晾干了。

注意！

第一星期内要每天更换植物上下的报纸，一个星期后每周更换一次，否则植物会腐烂或颜色发生变化。如果没有把植物放在报纸中间，而是夹在书本里，就要勤换书页。

制作植物标本集

1. 植物完全干透后，将它贴在标本集里。粘贴的时候使用胶带，标本集的纸要尽量厚一些。

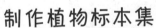

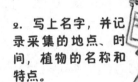

2. 写上名字，并记录采集的地点、时间，植物的名称和特点。

3. 要了解更多关于采集的植物的知识，准备一本植物图谱。

植物神奇的芽

　　植物的身体由叶、茎和根构成。植物是从种子发育而来的，几百年树龄的参天大树起初也是一颗小小的种子。种子发芽后渐渐长大，形成了根、茎、叶、花。比较一下我们的身体，我们一生下来就有手、脚、眼睛、鼻子、嘴巴、头、心脏吧？但植物的器官几乎都是后长出来的，这个过程到底是怎么样的呢？

　　植物之所以能够长大、开花，都是芽的功劳。枝条、树叶、花朵，都不是哪一天突然冒出来的，而是从芽发育而成的。只有植物才有芽。玉兰、柳树、百合、玫瑰、柿子、洋葱、大蒜、胡萝卜、松树、樱花、橡树……它们都有芽。

　　植物非常爱惜自己的芽，就像爸爸妈妈精心照顾自己的宝宝一样。春天，当鸟类、昆虫都没有注意的时候，植物悄悄地在枝条上长出几颗芽。嫩绿的叶子、美丽的花朵，都是芽变成的。整个夏天，

植物都在养育着
芽，冬天还给它们穿
上"衣服"，保护它们不被
冻死。芽在冬天里睡了长长一觉，春天来时，它们
苏醒了，飞快地成长为叶子、枝条和花朵。

　　同一年长出的枝条都是兄弟姐妹。新的枝条上第
二年又会长出新的芽……就这样，植物越长越大，祖辈、
儿辈、孙辈的枝条在同一棵植物上和睦相处，快快乐
乐地生活。

芽在哪儿

仔细观察叶子从枝条上长出的部位或枝条的底部。芽的形状、颜色都各不相同，所以很难描述它们长什么样。但如果你在枝条上找到了小小的、圆圆或尖尖的东西，既不是叶子也不是果实，那你就成功了！

玉兰

第二年春天，玉兰的芽会变成花。发展为花的芽就叫花芽。花芽圆圆鼓鼓的，很容易找到。

山茱萸

山茱萸的芽被柔软、温暖的绒毛包裹。

毛赤杨

毛赤杨的芽穿着厚厚的衣服。

山茶树

山茶树的芽被鳞片包围着。

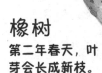

橡树

第二年春天，叶芽会长成新枝。

三桠乌药

这是叶芽。叶芽一般形状细长。到了春天，三桠乌药先长花芽，再长叶芽。

玉竹

第二年春天，地里会长出新芽。

樱花

花芽和叶芽一起生长。

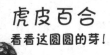

虎皮百合

看看这圆圆的芽！

每种植物长芽的时间都不一样。大麦、小麦、菠菜、大豆在昼长于夜的时候长芽，水稻、菊花、大波斯菊在夜长于昼的时候长芽。

搬家的芽

一年生、两年生、三年生的草本植物都有芽。对于芽来说，时间比黄金还要宝贵。辣椒和南瓜的芽一出生就马上长成枝条，因为它们只能活一年，要抓紧时间快快抽枝长叶。

有时，草本植物的芽还会离开妈妈的身体，独立生活。当妈妈缺乏保护它的能力时，它就会离开妈妈。大树长得很结实，枝干上有再多的芽也能照顾好它们，但草本植物不是这样。比如百合，即使只有一点微风，百合的芽也会马上被吹落到地上。为了让芽宝宝能够独自生活，妈妈早就为它们准备好了食物。百合的芽掉到地上，就能像种子一样长出来（大部分植物是靠种子繁殖的，但百合、大蒜、马铃薯、洋葱等也能用芽繁殖）。

以前我不知道芽对于植物来说是多么宝贵。学校里教了许多关于根、叶、茎、花的知识，但却没有告诉我们有关芽的学问。当我知道马铃薯是怎样保护自己的芽宝宝时，不禁大吃一惊。

马铃薯的一部分茎长在地下，上面还长着芽。我们吃的就是马铃薯的地下茎。到了一定的阶段，茎妈妈死了，芽宝宝开始独立生活。但是，如果没有茎妈妈的

照料，芽宝宝根本活不下去。为了芽宝宝，茎妈妈让自己变得胖胖的。植物的茎本该长在地上，享受温暖的阳光，但马铃薯的茎放弃了这种幸福，在地下让自己变得肥大，成为芽宝宝的食物。你一定见过马铃薯表面有一个个凹进去的小洞，芽宝宝就长在那里。所以，马铃薯放久了，就会长芽。

在家里的谷物和蔬菜上找一找，芽在哪里？

大蒜

我们吃的大蒜瓣就是大蒜的芽。种大蒜的时候不用播种，把大蒜的芽一瓣一瓣地剥下来，直接种在土里。

洋葱

幼芽躲在洋葱的中心。把洋葱放在温暖的地方，芽就会长大，洋葱则逐渐变得干瘪。

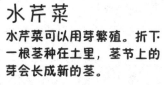

水芹菜

水芹菜可以用芽繁殖。折下一根茎种在土里，茎节上的芽会长成新的茎。

马铃薯
马铃薯的芽长在胖胖的地下茎上。

番薯
番薯和马铃薯长得十分相似，但我们吃的番薯是它的根。番薯的芽长在茎上。

快到森林里来

森林是个大宝库！

我们都有家人、朋友，植物也不是孤孤单单的。许许多多的树、草聚集在一起，就形成了森林。在数学里，1 加 1 等于 2，100 加 100 等于 200。但在森林里，100 棵树加 100 棵树可不等于 200 棵树，而是会形成一个新的世界，一个伟大的世界。

我写这本书接近尾声的时候，正是金黄的秋天。落叶随风飘落在地上，清洁工人忙着打扫落叶。我不知道路边的落叶都会去向哪里，但我知道森林里的落叶会去哪里、变成什么。

此时的森林也迎来了秋天，落叶在地上铺了厚厚一层。落叶是森林的毛毯，覆盖着地面，给泥土带来了温暖。软软的落叶下面，昆虫、细菌正忙着分解动植物的尸体，并排出粪便。这些养分溶解于水，成为土壤中的肥料。树叶和生物的尸体腐烂后产生热量，使地面变得温暖，保护生活在地面的小生物安全度过冬天，直到春天来临。

春天来了，植物的根从睡梦中醒来，吸收土壤中的水分和养料，发芽、长叶。藏在地底下的小昆虫也苏醒了。

春天和夏天，草木茁壮生长，树上长出了无数的新叶。树是很聪明的，假设它们在 100 片叶子上制造了养分，它们会进行科学合理的分配。20 片叶子的养分用于生长，20 片叶子的养分用于开花结果，20 片叶子的养分用于制造保护自己的气味，20 片叶子的养分用于储存过冬，还有 20 片叶子则献给森林里的其他生物，成为小虫的食物。小虫又被鸟类和昆虫捕获，鸟类和昆虫则成为森林中其他兽类的美餐。

夏天时，即使大雨如注，只要有森林，就能抵御洪水。森林像海绵一样吸收水分并把它储存起来。植物的根、地衣、泥土、地面上的动植物尸体都会吸收水分。微生物在土壤中蠕动，植物的根每天都在地里伸展。在它们的帮助下，土壤被翻动得十分均匀，中间还产生了许多小孔，水分就从小孔里渗透进去。下雨的时候，森林的土壤吸收水分，再慢慢地把它们输送到河流、溪谷。

森林里的草木长得非常健壮。在这里，它们和小虫、真菌、细菌等一起生活，小虫、真菌、细菌为它们制造肥料。我们看不到土里的真菌和细菌，但观察蘑菇是很方便的。夏天的雨后，到森林里去看看吧，你会发现树底下长出了许多蘑菇。蘑菇的数量多，是森林健康的表现。

到了秋天，森林变得更加丰饶。树木郁郁葱葱，还结出了沉甸甸的果实，果实里躲藏着种子。但果实里的种子并不能全部长成新的树。10个果实里，有9个会被动物吃掉，其中1个会安全地发芽。大部分的芽宝宝会被小虫吃掉，但也有一些芽会长成小树。10棵小树中的9棵被大树遮挡了阳光或被暴风雨折断，也有可能病死或被野兽踩死。但总有一两棵会健康地活下来，长成大树。

　　树和草是森林的主人，但它们并不是只顾自己，总是在养育其他的生命。树木为其他生物提供了食物和保护。在成长、结果、播种、落叶的过程中，树木不知不觉地为森林做出了极大的贡献。

和植物做朋友吧！

　　我喜欢的海洋生物学家雷切尔·卡逊（1907～1964年）曾说：下雨的时候最适合去森林。下雨天到森林里

去走一走吧，去发现森林的秘密！那里有花朵和果实、种子和树叶、草丛和倒下的枯树，林间跳跃着松鼠，落叶下躲藏着小虫，树底长满了蘑菇和地衣……那里有无穷无尽的奥秘！

可是，如果你的附近没有森林，爸爸妈妈又工作太忙，不能带你到遥远的地方去，那就不妨到公园去看一看。趴在草地上，拿出放大镜，你的眼前立刻会出现一个小森林。你可以观察一下春天是怎么到来的，看看那些忙着寻找食物的昆虫、树上绽开的花骨朵和嫩芽。如果连小公园也没有，那就观察一盆花吧！种下种子，观察它怎样发芽、开花，根和茎怎样生长。

和植物做朋友吧！在笔记本上写下树朋友、草朋友的名字，画出它们的样子，贴上树皮和叶子，记录它们长高了多少，数数它们长出了多少条新枝……每一天，它们都会带给你无限的惊喜。

我们来总结一下植物的工作吧!

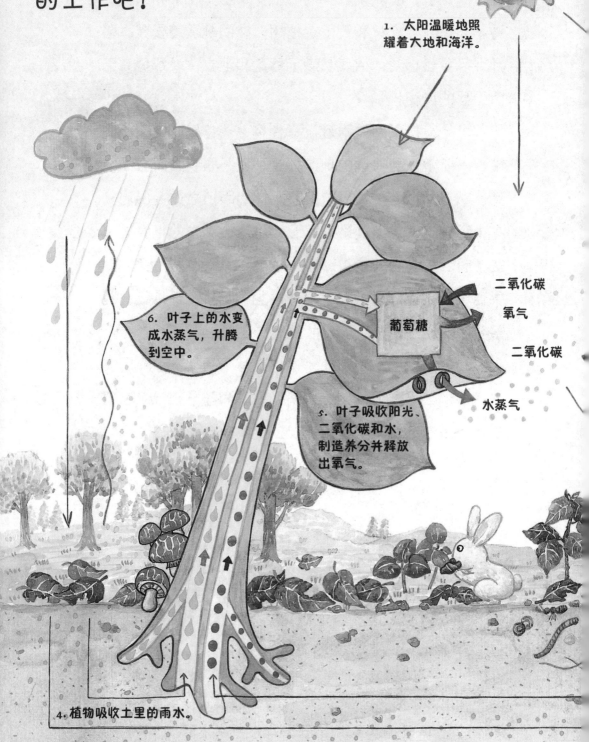

1. 太阳温暖地照耀着大地和海洋。

6. 叶子上的水变成水蒸气,升腾到空中。

葡萄糖

二氧化碳

氧气

二氧化碳

水蒸气

5. 叶子吸收阳光、二氧化碳和水,制造养分并释放出氧气。

4. 植物吸收土里的雨水。

3. 水蒸气聚集成云，变成降雨落到地面。

蒸发

2. 水蒸发后变成水蒸气。

降雨

7. 动物吸入氧气，呼出二氧化碳。植物吸收动物排放的二氧化碳。

氧气

8. 动物以植物为食。动物和植物死后，真菌和细菌分解尸体，变成水、二氧化碳、氮等各种无机物，并被植物吸收。

北京市版权局著作权合同登记号：01-2013-5366

图书在版编目（CIP）数据

科学超入门. 6：植物，欢迎来到植物王国！ /〔韩〕
金成花，〔韩〕权秀珍著；〔韩〕李敏霞绘；陈琳，胡
利强，许明明译. —北京：化学工业出版社，2014.8（2022.1重印）
ISBN 978-7-122-21112-5

Ⅰ.①科… Ⅱ.①金… ②权… ③李… ④陈… ⑤胡…
⑥… 许Ⅲ.①科学知识–青少年读物 ②植物–青少年读
物 Ⅳ.①Z228.2 ②Q94-49

中国版本图书馆CIP数据核字(2014)第142223号

责任编辑：成荣霞	文字编辑：王 琳
责任校对：徐贞珍	装帧设计：王晓宇

出版发行：化学工业出版社（北京市东城区青年湖南街13号 邮政编码100011）
印 装：天津图文方嘉印刷有限公司
710mm×1000mm 1/16 印张 5¾ 字数 43.4千字
2022年1月北京第1版第10次印刷

购书咨询：010-64518888	售后服务：010-64518899

网 址：http://www.cip.com.cn
凡购买本书，如有缺损质量问题，本社销售中心负责调换。

定   价：**29.80元** 　　　　　　　　　　版权所有　违者必究

科学充满想象，越读越快乐！

最**快乐**的科学书

最**快乐**的科学书

Hello.